techniques

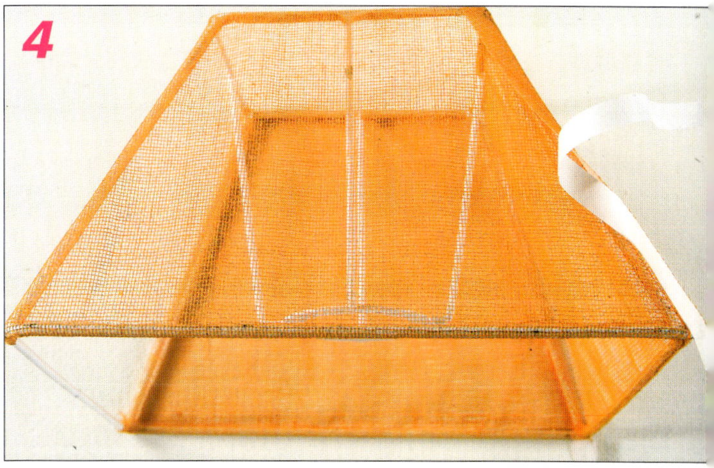

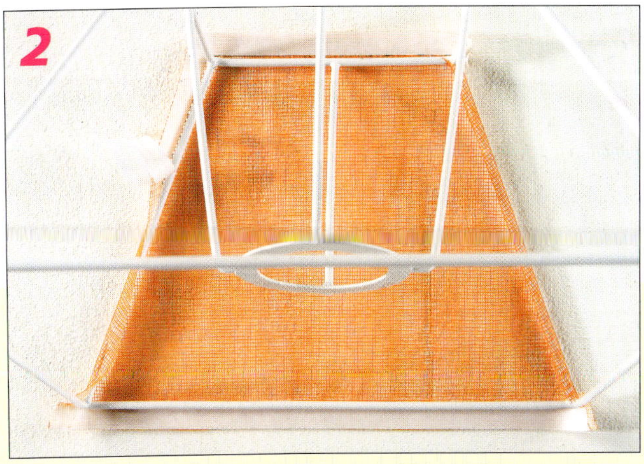

3 Pour la 3ème face, fixer d'abord le haut puis le bas.

4 La fixation des côtés de la 3ème face se fait en rabattant la matière sur la face voisine.
La 4ème face s'effectue sur le modèle de la 3ème.

Le matériel

■ *ciseaux* ■ *aiguille* ■ *pistolet à colle* ■ *colle en bombe* ■ *vernis colle* ■ *pinceau à colle* ■ *perforatrice* ■ *pince coupante* ■ *cutter* ■ *poinçon* ■ *petite pince* ■ *crayon à papier* ■ *règle* ■ *épingles à linge en bois*

Les fournitures

■ *cercles métalliques pour abat-jour*
■ *armature d'abat-jour*
■ *guirlande lumineuse*
■ *polyphane transparent*
■ *cônes prédécoupés*
■ *matière décorative : papier fibre, papier de soie, serviette en papier, organdi, abaca, tarlatane*
■ *sequins* ■ *fil* ■ *passementerie*
■ *bande décorative autocollante*
■ *scotch double face spécial abat-jour*
■ *pétales de fleurs* ■ *ruban*
■ *fleurs en tissu* ■ *étamines*
■ *papillons naturalisés* ■ *raphia*
■ *feuilles équatoriales*
■ *attaches parisiennes*
■ *grillage à poule fin*
■ *fil de fer fin* ■ *peinture gel*

L'abat-jour rond

1 ***Deux solutions s'offrent à vous :***

→ acheter un polyphane prédécoupé à la dimension des cercles selon la forme et la dimension souhaitées.

→ partir d'un abat-jour existant et se servir de celui-ci pour créer un gabarit.

Pour cela, enlever la bande de maintien de l'abat-jour avec un cutter le plus délicatement possible afin de ne pas endommager le polyphane. Poser le gabarit obtenu sur une feuille de polyphane neuve, face quadrillée sur le dessus. Tracer les contours à l'aide d'un feutre fin, puis découper le gabarit ainsi obtenu à l'aide de ciseaux.

2 Coller la matière sur le polyphane (voir technique ci-dessous)

Collage de la matière sur polyphane

Poser le polyphane à plat sur une table, face quadrillée devant soi.
La dimension de la matière choisie devra être supérieure de 4 à 5cm au pourtour du polyphane.
Centrer la matière sur le polyphane. En partant d'un angle, décoller légèrement la feuille de protection et lisser la matière immédiatement avec la main, ceci afin d'éviter la formation de bulles disgracieuses. Continuer délicatement et coller la matière au fur et à mesure. Lorsque l'ensemble est collé, lisser de nouveau avec la main afin d'obtenir une adhérence parfaite. Ne pas couper les bords de la matière qui dépassent du polyphane.

3

3 Coller une bande de scotch double-face spécial abat-jour de 1 cm de large autour du polyphane . Une fois le tour fait, découper au ras du bord extérieur l'excédent de matière. L'abat-jour est prêt à être monté sur la structure.

4 A l'aide de pinces à linge en bois, fixer l'abat-jour sur les cercles.

> ***Important :*** *vérifier que l'abat-jour est équilibré en le posant sur son pied.*

5 Décoller la bande de protection du double-face et coller au fur et à mesure de l'enroulement de la matière sur les cercles.

> ***Suggestion :*** *pour assurer une finition plus précise de l'abat-jour coller en haut et en bas, à cheval sur les cercles, une bande décorative en harmonie avec la matière.*

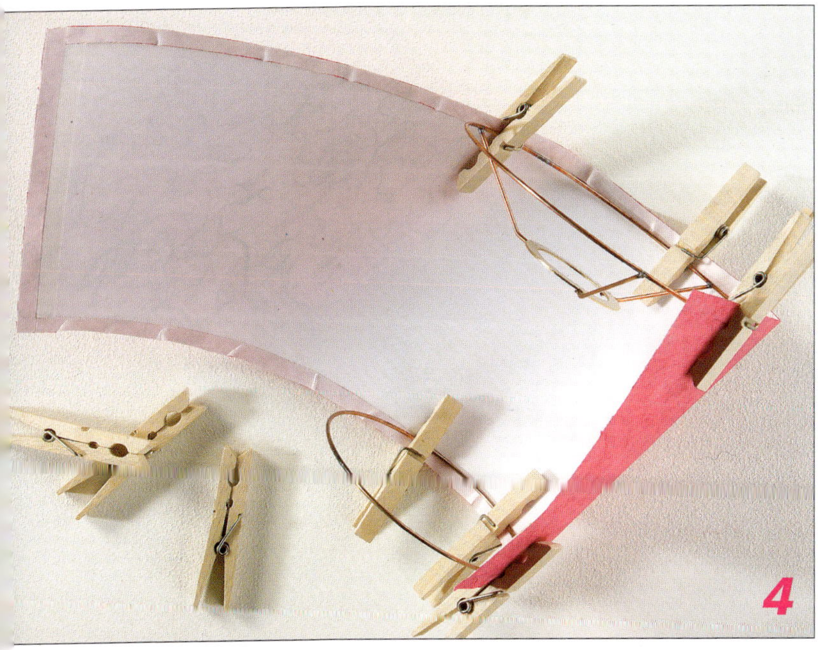

4

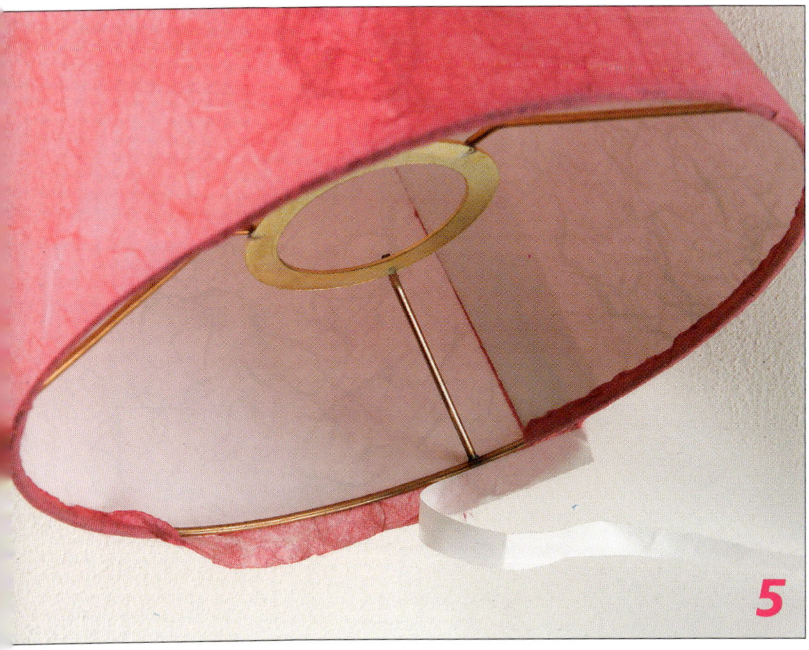

5

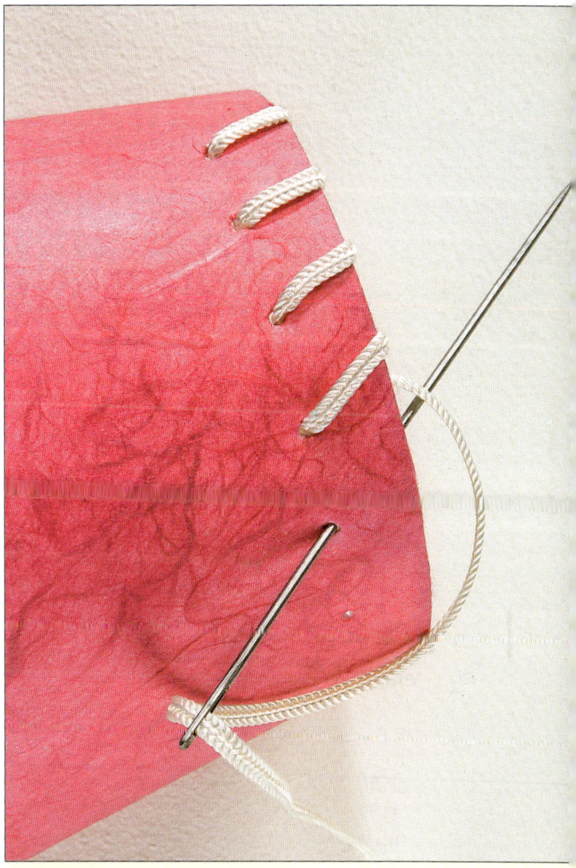

Décoration par laçage

Compter 3 fois la circonférence du cercle pour calculer le métrage du ruban ou du lacet pour faire le tour de l'abat-jour. A l'aide d'une perforatrice ou d'un poinçon, percer le haut et le bas du polyphane à 1 cm du bord et tous les 2 cm environ. Puis, avec une aiguille à gros chas, lacer le ruban sur la structure en tournant autour de celle-ci. Une fois le laçage terminé, relier les 2 lacets, les nouer, couper l'excédent et appliquer un point de colle à tissu sur le nœud pour le consolider.

Lampe vieux rose

Fournitures

Pour les quantités de papier et de polyphane, se reporter au calcul de métrage proposé p. 2 dans la technique de l'abat-jour pyramidal
- *papier décoratif rose à arabesques*
- *1 structure 4 pans* ■ *polyphane*
- *sequins roses* ■ *fil rose*
- *passementerie rose à la dimension de la circonférence du bas de l'abat-jour*
- *bande décorative autocollante à la dimension de la circonférence du haut de l'abat-jour*
- *scotch double face spécial abat-jour*

Matériel

- *ciseaux* ■ *aiguille*

Comment faire

→ Coller le papier décoratif sur le polyphane en suivant la technique p. 4.
→ Monter l'abat-jour en suivant la technique de l'abat-jour pyramidal p. 2.
→ Plier la bande décorative en 2 par le milieu dans le sens de la largeur et la poser à cheval sur l'arête haute de l'abat-jour. Procéder au collage en ôtant la bande de protection au fur et à mesure.
→ Coudre les sequins sur la passementerie et coller celle-ci sur le bas de l'abat-jour.

Guirlande vieux rose

Fournitures

- *1 guirlande de 20 lampes*
- *1 m de polyphane en 60 cm de largeur*
- *2 feuilles de papier mûrier rose (50 x 70)*
- *4 m de cordelette rose*
- *120 pétales de roses en tissu (petits et grands)*
- *40 attaches parisiennes*

Matériel

- *pistolet à colle* ■ *perforatrice*

Comment faire

→ Reporter le gabarit rose p. 31 sur le polyphane et découper 20 cônes. Coller le papier mûrier en suivant la technique du collage de matière sur polyphane p. 4. Recouper les contours au ras du polyphane. Répéter l'opération pour les 20 cônes.
→ A l'aide d'une perforatrice, percer aux endroits indiqués sur le gabarit. Monter les cônes autour des lampes et fermer avec les attaches parisiennes.
→ Avec le pistolet à colle, coller à la base des cônes 3 grands pétales puis superposer 3 petits.
→ Entourer la base de la lampe avec 20 cm de cordelette. Fermer par un nœud et effilocher la cordelette restante afin de former un pompon.

Une si jolie chambre

Bébé

Un brin de romant

➔ *Décorez gaiement vos poutres, une autre manière d'utiliser votre guirlande romantique. L'applique est réalisée avec des fleurs récupérées sur une carte postale et collées sur une carcasse existante.*

isme

→ *Tarlatane blanche et pampilles en cristal, créez votre lampe romantique en suivant la technique de l'abat-jour pyramidal p. 2. Personnalisez votre abat-jour en écrivant votre mot porte-bonheur avec de la peinture en gel blanc-nacré sur un morceau de parchemin roulotté aux extrémités. Agrémentez votre miroir d'une guirlande de petites roses anciennes (voir technique du démontage de fleurs p. 26) en ajoutant sur le fil de la guirlande quelques feuilles vertes maintenues à l'aide de fil de fer très fin.*

Créer ses fleurs

Fourniture :

- *1 guirlande de 20 lampes*
- *papier de soie rouge*
- *1 m de ruban rouge de 1 cm de largeur*
- *étamines* ■ *raphia naturel*
- *scotch double face spécial abat-jour*

Matériel :

■ *ciseaux* ■ *poinçon* ■ *crayon à papier*

Comment faire

→ Réalisation des pétales

1 Dans le papier de soie, découper 40 rectangles de 18 x 12,5 cm, 40 de 13 x 9 cm et 40 de 15 x 11 cm.
2 Pour chaque rectangle obtenu, plier le papier de soie en 2 et reporter au crayon le gabarit rouge correspondant p. 31.
3 Humidifier vos doigts et déchirer le long du trait. Froisser délicatement les pétales obtenus. **4** Déplier.

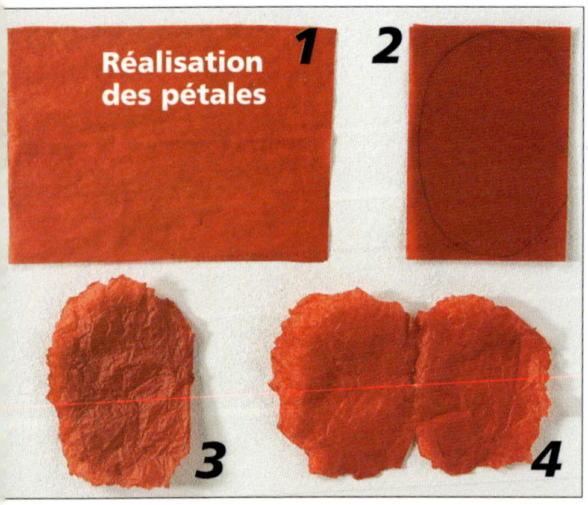

→ Préparation de la bande d'étamines

1 Découper dans le ruban rouge 20 longueurs correspondant à la circonférence du corps de l'ampoule.
2 Coller une bande de scotch double face de même longueur sur les 2 faces du ruban. Oter la bande de protection sur une seule face et coller délicatement les étamines bien serrées. Recommencer cette opération pour tous les rubans. **3** Recouvrir à nouveau d'une bande de double face.

→ Montage de la fleur

1 Faire un trou avec un poinçon au centre des pétales et introduire l'ampoule par le dessous en superposant et en décalant les pétales (2 grands, 2 moyens puis 2 petits). Laisser la fleur ainsi obtenue à la base de l'ampoule.
2 Oter la bande de protection des étamines (celle du dessous) et coller sur le corps de l'ampoule.

→ Maintien de la fleur

1 Oter la bande de protection du dessus des étamines et remonter les pétales contre le corps de l'ampoule (éventuellement coller au pistolet à colle).
2 Maintenir la fleur obtenue en enroulant un brin de raphia autour du corps de l'ampoule.

Lampe papillon

Fournitures

Pour les quantités d'abaca, se reporter au calcul de métrage proposé p. 2 dans la technique de l'abat-jour pyramidal

- *1 structure 4 pans* ■ *abaca*
- *raphia bicolore chanvre et blanc*
- *papillons blancs*
- *scotch double face spécial abat-jour*

Matériel

- *ciseaux* ■ *crayon à papier*
- *aiguille gros chas pour raphia*

Comment faire

→ Réaliser l'abat-jour en se reportant au montage de l'abat-jour pyramidal p. 2.
→ Enfiler 1 longueur de raphia sur une aiguille et coudre l'abaca tout autour de la structure métallique.
→ Décorer avec les papillons.

Envol de

papillons

Abat-jour grillage

Fournitures

- *grillage à poules fin (petits carreaux) 50 x 25 cm*
- *fil de fer fin*
- *1 jeu de 2 cercles de 15 cm de diamètre*
- *16 m de rubans divers dans un camaïeu de couleurs (satin, mousseline, croquets...)*
- *12 sequins en nacre prune*

Matériel

- *ciseaux*
- *pince coupante*
- *cutter*
- *petite pince*
- *crayon à papier*
- *règle*
- *épingles à linge en bois*

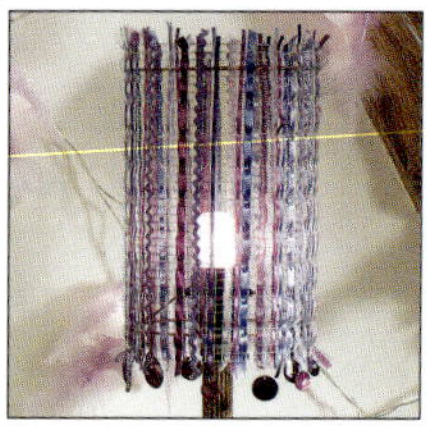

Comment faire

→ Couper le grillage à la dimension voulue. Pour ce faire, enrouler le grillage autour des cercles en le positionnant à l'aide de pinces à linge. Fixer le grillage sur le cercle du haut (le grillage doit dépasser du cercle de 2 cm) à l'aide de petites longueurs de fil de fer. Procéder de même pour le cercle du bas.

→ Dans les divers rubans, couper des bandes de 30 cm. Passer le ruban au travers du grillage en laissant dépasser 2 cm de ruban en haut et en bas. Continuer en intercalant les rubans de manière aléatoire.

→ Coudre les sequins selon le modèle.

Guirlande en organdi mauve

Fournitures

- *1 guirlande de 20 lampes*
- *2 feuilles d'organdi mauve (50 x 70 cm)*
- *60 plumes violine*
- *20 cônes prédécoupés avec attache de fixation*

Matériel

- *ciseaux* - *colle en bombe* - *pistolet à colle*

Comment faire

→ Dans l'organdi, découper 20 rectangles (au format maximum des cônes).
A l'aide de la bombe de colle, encoller une face du cône et une face d'un rectangle d'organdi.
Assembler les 2 faces l'une contre l'autre.
Procéder de même pour tous les cônes.

→ Décorer la tête des attaches de fixation fournies avec un petit rond d'organdi de la même taille que la tête et fixé à la colle.
Découper l'excédent de tissu au ras des cônes.

→ Assembler les cônes autour des ampoules à l'aide des attaches de fixation décorées.

→ Décorer les cônes ainsi obtenus en collant sur chacun 3 plumes à l'aide du pistolet à colle.

Léger

comme une plume

Lampe lanterne

Fournitures

- *1 ossature de lampe forme lanterne sur pied (hauteur 30 cm, largeur 9,5 cm)*
- *8 m de ruban anis transparent d'environ 3 cm de largeur*
- *3,20 m de ruban à froncer anis et turquoise transparent d'environ 3 cm de largeur*
- *scotch double face spécial abat-jour*

Matériel

- *ciseaux*
- *mètre*

Comment faire

→ Avec le ruban uni anis (3,50 m), habiller l'ensemble de l'armature de la lampe en l'enroulant autour de la structure.
→ Couper 8 bandes de ruban uni de 56 cm chacune. Pour calculer le métrage nécessaire, mesurer la hauteur de l'armature sans les pieds, multiplier celle-ci par 2 et ajouter 2 cm.
→ Coller aux deux extrémités une bande de 1 cm de scotch double face de la même largeur que le ruban.
→ Plier le ruban en deux et le poser à cheval sur le haut de la structure contre les 4 arêtes. Oter les bandes adhésives de double face et fixer sur le bas en l'enroulant autour de l'armature.
→ Dans le ruban à froncer, couper 4 bandes et poser chaque bande pliée en 2 au milieu des 2 bandes anis. Froncer le ruban et le fixer sur le bas de la structure en terminant par un nœud.

Guirlande anis

Fournitures

- *1 guirlande de 20 lampes*
- *2 feuilles de plastique fort grammage coloris anis*
- *7 m de ruban turquoise de 7 mm de largeur*
- *7 m de ruban vert de 3 mm de largeur*
- *scotch double face*
- *mini-sequins turquoise*
- *60 attaches parisiennes*

Matériel

- *ciseaux* ■ *perforatrice*

Comment faire

→ Reporter le gabarit vert p. 31 sur les feuilles de plastique et découper 20 cônes.
→ Découper 40 bandes de 17 cm chacune dans le ruban vert et 40 bandes de même longueur dans le ruban turquoise.
→ Poser les bandes de double face (de la largeur des rubans) sur les cônes en s'inspirant de la photo ci-dessous. Coller les rubans.
→ Pour la fermeture, avec la perforatrice percer les côtés des cônes aux emplacements donnés sur le gabarit.
→ Décorer les têtes des attaches parisiennes avec les mini-sequins collés. Placer les cônes autour des lampes en fermant avec les attaches.

Comme des

sucres d'orge

Abat-jour enrubanné

Fournitures

■ *1 armature d'abat-jour en métal (modèle présenté : diam. bas 15 cm, diam. haut 7 cm, hauteur 12 cm)*
■ *1,20 m de ruban fleuri* ■ *18 m de rubans en mousseline : 6 m coloris framboise, 6 m rouge, 6 m rose* ■ *fil rose*

Matériel

■ *ciseaux* ■ *aiguille* ■ *colle*

Comment faire

→ Couper 6 longueurs de 20 cm dans le ruban fleuri. Sur chaque armature verticale, déposer un trait de colle de haut en bas, puis appliquer un ruban. Aux 2 extrémités de l'armature, replier le ruban sur lui-même afin d'obtenir un ourlet chevauchant les 2 cercles. Fixer à l'aide de quelques points de couture.
→ Dans les rubans de mousseline, couper des longueurs de 50 cm afin d'obtenir 12 rubans de chaque couleur.
→ En partant d'une armature verticale fleurie, faire passer un ruban framboise sous le cercle du bas puis, le fixer sur le cercle du haut par un nœud. Procéder de la même manière avec un ruban rouge puis avec un ruban rose.
→ Alterner les 3 couleurs successivement en tournant toujours dans le même sens autour de la structure de l'abat-jour.

Guirlande calque

Fournitures

■ *1 guirlande de 20 lampes*
■ *3 feuilles A4 de calque rouge*
■ *3 feuilles A4 de calque rose*
■ *3 feuilles A4 de calque framboise*
■ *raphia rose et framboise*
■ *scotch double face spécial abat-jour*

Matériel

■ *perforatrice motif fleurs*
■ *ciseaux*

Comment faire

→ Reporter le gabarit bleu p. 31 sur le calque et découper 7 cônes roses, 7 cônes framboise et 6 cônes rouges.
→ Appliquer une bande de double face sur un côté des cônes (voir gabarit).
→ Perforer le calque sur la bordure ondulée du cône de manière harmonieuse.
→ Décorer le fil de la guirlande en torsadant ensemble 1 brin de raphia rose et 1 brin de raphia framboise en partant d'une extrémité de la guirlande pour finir à l'autre extrémité.

→ Enrouler 1 cône sur chaque ampoule en le fermant à l'aide de la bande de double face. Alterner un cône de chaque couleur jusqu'au bout de la guirlande.

Une envie

de berlingots

Lampe marguerite

Fournitures

- *1 abat-jour en tissu blanc*
- *3 serviettes en papier motif marguerite*

Matériel

- *vernis colle* ■ *pinceau à colle*

Comment faire

→ Déplier les serviettes en papier et ôter les 2 faces non imprimées. Garder uniquement celle imprimée de motifs.

→ A l'aide d'un pinceau, badigeonner l'abat-jour d'une fine couche de vernis colle.

→ Poser la serviette dessus en la lissant avec le pinceau et un peu de colle.
Procéder petit à petit afin d'éviter la formation de bulles.
Faire ainsi le tour de l'abat-jour et laisser sécher 15 minutes.

→ Repasser une seconde couche de vernis colle sur la totalité de l'abat-jour.

Guirlande marguerite

Fournitures

- *1 guirlande de 20 lampes (ampoules rondes et nacrées)*
- *40 marguerites en tissu (20 petites et 20 grandes)*
- *tubes de peinture gel rose et jaune*

Matériel

- *poinçon* ■ *ciseaux*

Comment faire

→ Décorer 10 petites marguerites avec de la peinture gel rose et les 10 autres avec de la peinture gel jaune.
Procéder de la même manière pour les grandes.
Laisser sécher 1 heure.

→ Oter toutes les ampoules de la guirlande.

→ A l'aide d'un poinçon, percer toutes les fleurs en leur milieu afin de libérer un espace pour passer les ampoules.

→ Sur chaque corps de lampe, superposer 1 grande marguerite, puis une petite.
Terminer en remettant l'ampoule à sa place.

Décor champêtre

Du beige, du gris,

Un beau papier décoratif, quelques longueurs de lacet, redonnez vie à une ancienne lampe retrouvée au fond de votre grenier. Pour la réalisation simple de cet abat-jour, suivez les techniques de montage et de finition par laçage p. 4 et 5.

Les feuilles équatoriales trouveront leur place sur cette guirlande et pareront de douceur votre coiffeuse (voir technique p. 30).

du bleu clair

→ *Un bel exemple de sobriété pour cet abat-jour 4 pans réalisé avec des feuilles de papier mâché décoratives (voir technique de montage de l'abat-jour pyramidal p. 2)*

Guirlande en calque rayé

Fournitures

- *1 guirlande de 20 lampes*
- *20 cônes prédécoupés en polyphane*
- *4 feuilles A4 de calque rayé turquoise et taupe*
- *1 feuille de papier mûrier turquoise*
- *40 attaches parisiennes*
- *raphia taupe et bleu ciel*

Matériel

- *ciseaux*
- *perforatrice*

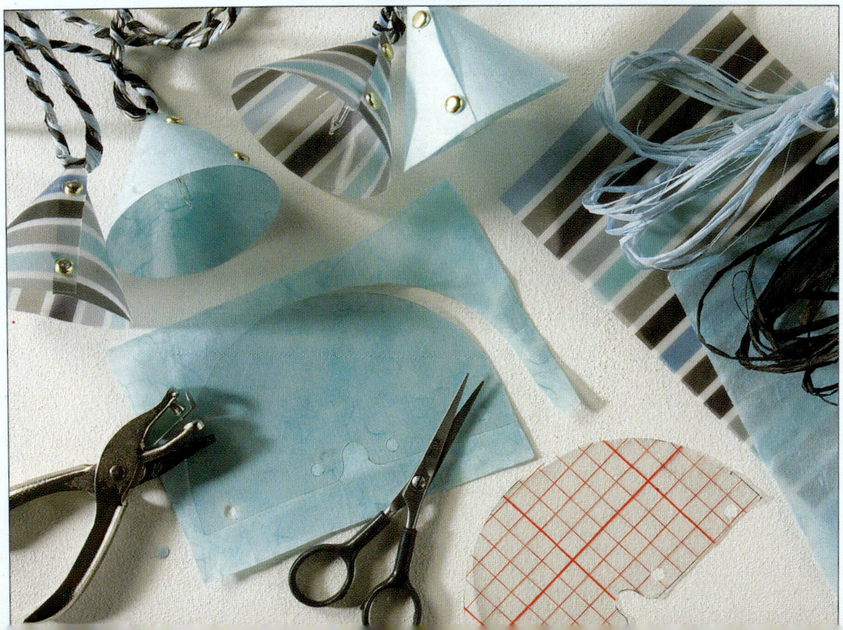

Comment faire

→ Coller le calque rayé sur 10 cônes en suivant la technique du collage de matière sur polyphane p. 4. Recouper les contours au ras du polyphane. Répéter l'opération pour les 10 cônes restants avec le papier mûrier turquoise.

→ Monter les cônes autour des lampes et assurer la fermeture avec les attaches parisiennes.

→ En partant d'une extrémité de la guirlande, habiller le fil avec 2 brins de raphia (1 bleu et 1 taupe) en les torsadant ensemble jusqu'au bout de la guirlande.

Lampe cœur

Fournitures

- *1 structure 4 pans* ■ *polyphane*
- *papier mûrier chocolat*
- *scotch double face spécial abat-jour*
- *1 bande de passementerie décorée de fils et de pampilles à la dimension de la circonférence de l'abat-jour (+ 2 cm)*

Matériel

- *ciseaux* ■ *crayon à papier*

Comment faire

→ Se reporter au calcul du métrage p. 2 pour connaître les quantités de polyphane et de papier mûrier nécessaires.
Coller le papier mûrier sur le polyphane en suivant la technique p. 4.

→ Une fois l'abat-jour monté (technique de l'abat-jour pyramidal p. 2), coller la bande de passementerie au bas de l'abat-jour.

Guirlande hérisson

Fournitures

- *1 guirlande 20 lampes*
- *1 m de fibre chocolat en 80 cm de largeur*
- *1,20 m de polyphane en 60 cm de largeur*
- *8 tubes de micro-billes coloris or*
- *raphia bicolore écru et chocolat*
- *scotch double face 1 cm spécial perles (forte adhérence)*
- *attaches parisiennes*

Matériel

- *ciseaux*
- *perforatrice*
- *crayon à papier*

Comment faire

→ Reporter le gabarit marron p. 31 sur le polyphane et répéter l'opération 20 fois.

→ Découper chaque cône et coller la fibre sur le polyphane en suivant la technique du collage de matière p. 4.
Reprendre les contours en suivant la forme initiale.

→ Poser 4 bandes de scotch double face sur chaque cône suivant la photo ci-dessous.

→ Se placer au-dessus d'un récipient, décoller une première bande de double face, verser délicatement les micro-billes dessus et presser avec le doigt pour renforcer l'adhérence. Une fois cette bande finie, répéter l'opération sur la bande suivante. Ne pas décoller toutes les bandes en même temps afin de ne pas perdre trop de perles.

→ Décorer les têtes des attaches parisiennes de la même manière (petits carrés de double face + billes).

→ Perforer les cônes aux endroits indiqués sur le gabarit.

→ Décorer le fil avec le raphia en partant d'une extrémité de la guirlande et pour terminer à l'autre.

→ Placer les cônes autour des ampoules en fermant avec les attaches parisiennes décorées.

Ambiance chocola

Un dimanche à la

→ Un abat-jour en habit de plumes et votre lampe se pare de douceur. Collez au pistolet à colle un boa autour de la base de votre abat-jour en le maintenant à l'aide d'épingles. Roses vertes et jaune pâle, raphia et fibre or, de quoi réaliser cette jolie guirlande de fête. Alternez une rose jaune (voir technique du démontage de fleurs p. 26), un carré de fibre or (12 x 12cm) percé en son centre et maintenu par du raphia, une rose verte... puis entourez de raphia le fil de la guirlande en commençant par une extrémité et en terminant par l'autre.

→ Réalisez simplement cette guirlande de fleurs aériennes avec des cercles (14 cm de diamètre) en papier mûrier saumon et crème percées en leur centre et maintenus au corps de la lampe par du scotch double face et par quelques brins de raphia naturel. Cet abat-jour élégant en papier décoratif à arabesques trouvera sa place à tout endroit de la maison (voir explications montage abat-jour pyramidal p. 2).

campagne

→ *Une idée originale pour décorer vos rideaux, enroulées autour de la tringle, suspendues sur un côté, utilisées comme embrases, les guirlandes de fleurs (voir technique p. 26) trouvent leur place naturellement dans votre ambiance.*

Souvenirs

Guirlande fleurs

Ce pas à pas vous guide dans la réalisation de toutes vos guirlandes en fleurs artificielles (papier, tissu…)

Démontage de la fleur

→ Pour les fleurs avec un cœur type coquelicot ou marguerite :

1 Détacher la fleur de la tige et tirer délicatement sur le cœur afin de le désolidariser des pétales.

2 A l'aide d'un cutter, couper le cœur de la fleur en 2 afin de le vider de sa mousse pour ne conserver que les étamines.

Remontage de la fleur

1 Faire un trou en centre des pétales et enfiler les pétales jusqu'à la base de l'ampoule.

2 A l'aide d'un pistolet à colle, coller les étamines sur la partie haute du corps de l'ampoule.

3 Remonter les pétales et les coller autour des étamines.

4 Maintenir la fleur avec un brin de raphia, de lacet, de ruban…

→ *Pour les fleurs n'ayant pas de cœur comme les roses, il suffit de percer la rose de part en part avec un poinçon suffisamment gros pour laisser le passage de l'ampoule de la guirlande puis appliquer un point de colle sur le corps de la lampe. Enfiler rapidement la fleur jusqu'à ce que l'ampoule apparaisse. Maintenir la fleur comme précédemment.*

Lampe berlingot

Fournitures

Pour les quantités de tarlatane, se reporter au calcul de métrage proposé p. 2 dans la technique de l'abat-jour pyramidal

- *1 structure 4 pans*
- *tarlatane orange et fuchsia (2 pans de chaque couleur)*
- *raphia naturel*
- *grappe de perles translucides*
- *scotch double face spécial abat-jour*

Matériel

- *ciseaux*
- *crayon à papier*

Comment faire

→ Découper 2 pans opposés en tarlatane orange et 2 pans en tarlatane fuschia.

→ Réaliser l'abat-jour en se reportant au montage de l'abat-jour pyramidal p. 2.

→ Décorer avec la grappe de perles translucides.

de plein été

Roses blanches et coquelicots, parsemez votre ciel de lit d'une guirlande de ces fleurs délicates (voir technique ci-contre) et décorez un abat-jour blanc avec de petites fleurs que vous collerez sur le pourtour inférieur à l'aide d'un pistolet à colle et deux coquelicots en harmonie avec votre guirlande. Réalisez un petit bouquet romantique à poser sur une table de nuit avec une guirlande de roses abricot et écru afin d'apporter une dernière touche à votre décor.

Flamboyant

Pour cette guirlande décorée en collage de serviettes, utilisez les serviettes en papier de votre choix, encollez le gabarit pré-existant au vernis colle et posez délicatement la feuille imprimée de votre serviette (voir technique p. 18). Décorez les attaches de fixation de la même manière pour parfaire la finition.

Beaucoup de chaleur pour cette ambiance pleine de mystères. Réalisez facilement cet abat-jour spectaculaire en suivant la technique de l'abat-jour pyramidal p. 2.

Rouge tendance

suite page 30

Rouge tendance (suite)

Guirlande feuilles

Fournitures

- *1 guirlande de 20 lampes*
- *20 feuilles équatoriales rouges*
- *polyphane transparent*
- *raphia naturel*

Matériel

- *ciseaux* ▪ *perforatrice*

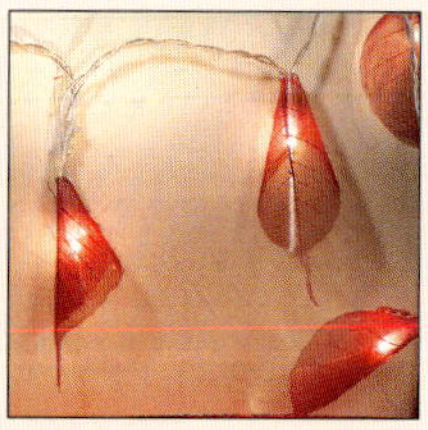

Comment faire

1 Couper des rectangles de polyphane aux dimensions des feuilles.
Coller les feuilles sur le polyphane.
2 Découper le tour de la feuille en suivant aussi précisément que possible les contours.
3 Enrouler chaque feuille ainsi préparée autour de l'ampoule afin de marquer au crayon les points de perforation permettant de maintenir le cône autour de la lampe. Perforer aux endroits marqués.
4 Mettre en place le cône autour de l'ampoule, passer des petits brins de raphia dans les trous et fermer par un nœud.

Lampe étoile

Fournitures

- *2 cercles*
- *1 polyphane prédécoupé à la dimension des cercles*
- *papier mûrier décoré d'étoiles à la dimension du polyphane*
- *scotch double face spécial abat-jour*
- *9 étoiles à suspendre*
- *2,50 m de lacet en cuir*

Matériel

- *poinçon ou grosse aiguille*
- *pinces à linge*

Comment faire

→ Coller le papier mûrier sur le polyphane selon la technique du collage de matière p. 4. Monter l'abat-jour en suivant la technique de l'abat-jour rond p. 4.
→ A intervalles réguliers, percer 9 trous à l'aide d'un poinçon ou d'une grosse aiguille à 1 cm du haut de l'abat-jour.
→ Couper 3 lacets de 32 cm, 3 de 27 cm et 3 de 22 cm. Attacher par un nœud une étoile à une extrémité d'un lacet puis le fixer sur le haut de l'abat-jour en le passant dans l'un des trous effectué précédemment. Faire un nœud. Recommencer l'opération pour les autres étoiles en intercalant les différentes longueurs de lacet.